LA REVUE DES LETTRES MODERNES

les carnets bibliographiques de la revue des lettres modernes

sous la direction de Peter C. HOY

C. F. RAMUZ

œuvres et critique 1980-1981

et compléments 1940–1974 à la bibliographie Bringolf-Verdan

par Gérard POULOUIN

LETTRES MODERNES

MINARD

73, rue du Cardinal-Lemoine — 75005 PARIS

1985

314136

Par principe, nous respectons les formes des libellés telles qu'elles figurent dans les textes édités. D'où certaines disparités typographiques possibles entre les descriptions de première main que nous donnons de certains titres et les relevés de recensions que nous en donnons. D'où aussi certaines bizarreries d'orthographe dans les transcriptions des noms propres que nous respectons au vu des documents que nous relevons (un N* à la place du prénom indique que celui-ci n'est pas précisé dans le texte ou le support d'origine), toutefois, lorsqu'une preuve formelle ou un renseignement direct nous apportera la certitude d'une coquille, nous rectifierons les orthographes fautives, préférant ne pas propager des erreurs regrettables pour la recherche, dût l'art pour l'art bibliographique en subir quelque entorse.

les carnets bibliographiques de la revue des lettres modernes

présentés désormais sous la forme de fascicules indépendants, publient à l'intention des abonnés (souscription générale à la RLM ou souscriptions sélectives aux Séries) des données bibliographiques de base dont la saisie est mémorisée sur disque magnétique et qui, revues et complétées, constitueront peu à peu la matière plus élaborée de volumes à paraître dans la collection «Calepins de bibliographie».

*

Les données sont réparties en deux grands groupes de chronologies :
— celle des *œuvres* (de l'auteur étudié) réparties à l'intérieur de rubriques codées : selon qu'il s'agira, par exemple, d'œuvres originales publiées de façon autonome (A), d'œuvres autonomes d'un auteur autre ou d'ouvrages collectifs reprenant des textes ou comportant des contributions de l'auteur étudié (B), de publications d'écrits ou de propos de l'auteur faites dans des revues ou de ses propres collaborations à des périodiques (C), ou encore des traductions étrangères faites des œuvres de l'auteur quelle que soit la nature du support (E) – toutes autres catégories étant précisées à l'occasion. Les renvois à ces œuvres seront faits : au nom de l'auteur étudié, suivi de l'année (réduit à ses deux derniers chiffres s'il n'y a pas d'ambiguïté), de la lettre code de rubrique et du numéro d'ordre dans cette rubrique.
— celle de la *critique,* avec éventuelle mention d'une ventilation entre domaines linguistiques selon la langue dans laquelle sont *rédigés* les articles ou études mentionnés. Les articles anonymes sont classés en tête des années dans l'ordre alphabétique des titres des supports. Les lieux de publication des périodiques (éventuellement leur cote dans une grande bibliothèque pour les collections peu répandues) seront mentionnés dans les Index cumulatifs des périodiques ; ils ne sont précisés dans le corps des rubriques qu'en cas d'homonymie patente. Un gros point noir ● en tête de rubrique signale les volumes ou les périodiques intégralement consacrés à l'auteur étudié. Les renvois à ces critiques seront faits : à l'année, suivie du nom du critique servant de rubrique alphabétique à l'intérieur de chaque année.

*

Aujourd'hui comme hier la bibliographie ne sera jamais qu'une asymptote et c'est pourquoi je renouvelle à tout un chacun *utilisateur* d'être aussi à l'occasion un *collaborateur* en nous signalant tout complément, tout redressement qu'il estimerait pouvoir être utile à tous.

M.J.M.

Carnet bibliographique C.F. Ramuz

Œuvres et critique (toutes langues) 1980-1981

Œuvres et critique (toutes langues) compléments 1940–1974

La présente bibliographie couvre les années 1980-1981 et apporte pour les années 1940–1974 divers compléments à la bibliographie de l'œuvre de C.F. Ramuz élaborée par Théophile Bringolf et Jacques Verdan. La bibliographie à venir, dans la prochaine livraison, couvrira les années 1982–1984, et apportera de nouveaux compléments à la bibliographie suisse.

Gérard POULOUIN

Pour la rédaction de cette bibliographie nous avons bénéficié du concours de M. Jean-Louis Pierre, président de l'association «Les Amis de C.F. Ramuz» et de M. Régis de Courten, directeur du Service bibliographique à la Bibliothèque Nationale Suisse. Nous les remercions vivement.

ŒUVRES

1980

80A1

Les Circonstances de la vie. La Croix-sur-Lutry, Plaisir de lire, 1980. 325 p.

80A2

Derborence. Paris, Grasset, 1980. 231 p.

80A3

La Grande peur dans la montagne. Paris, Grasset, 1980. 179 p.

80A4

Découverte du monde. La Croix-sur-Lutry, Plaisir de Lire, 1980. 225 p.

80A5

Souvenirs sur Igor Strawinsky. Paris, Presses Universitaires de France, 1980. 148 p.

80B1

« Pastorale », pp. 215–22 in *Storie d'amore svizzere.* A cura di Christian STRICH e Tobias INDERBITZIN. Giubiasco, Edizioni Gottardo, 1980. 317 p.

80C1

« Le Gros poisson du lac », *Bulletin de la Fondation C.F. Ramuz,* an. 1980, pp. 7–10.

Nouvelle inédite.

80C2

« La Suisse actuelle et les artistes », *Bulletin de la Fondation C.F. Ramuz,* an. 1980, pp. 12–8.

Reprend le texte de 1909 dans *Wissen und Leben* (15 sept.) [Bibl. B.V. 869].

Le texte de Ramuz est précédé d'une présentation de Gérard Buchet, p. 11 et suivi de la réponse de Fritz-Henri Mentha, intitulée « Réflexions sur la Suisse actuelle et les artistes », pp. 19–23. Le texte de Mentha était paru dans *Wissen und Leben,* 15 oct. 1909.

80E1

Derborence. Traduzione di Valeria Lupo. Milano, Edizioni Jaca Book, 1980. 175 p. (Coll. « Già e non ancora », Fiction.

80E2

[*La Grande peur dans la montagne*] *Paura in montagna.* Traduzione di Giuseppe Zoppi. Bellinzona, Casagrande — Milano, Longanesi, 1980. 160 p.

80E3

[*La Beauté sur la terre*] *Die Schönheit auf der Erde.*
En feuilleton dans le *Zürichsee Zeitung* à partir du 25 janvier 1980, p. 6.

80E4

[*L'Enterrement*] *Maisô.* Traduit par Tadashi Inagawa, pp. 61–73 in *Suisi shishû* [*Anthologie suisse*]. Tokyo, Waseda-daigaku shuppan-bu, 1980.
Sur cette traduction, voir 1984 *C.F. Ramuz 2*, p. 155 et note p. 161.

80E5

[*Farinet ou la fausse monnaie*] *Farinet il falsario.* Traduzione di Cesare Lupo. Milano, Edizioni Jaca Book, 1980. 197 p. (Coll. « Già e non ancora », Fiction, 25).

1981

81A1

Aimé Pache, peintre vaudois. La Croix-sur-Lutry, Plaisir de lire, 1981. 313 p.

81A2

L'Amour du monde. La Croix-sur-Lutry, Plaisir de lire, 1981. 138 p.

81A3

Derborence. Caen, Éd. Laurence Olivier Four, 1981. 210 p. (Coll. « Large vision »).

Réédition imprimée en gros caractères à l'usage des mal-voyants.

81A4

La Grande peur dans la montagne. Caen, Éd. Laurence Olivier Four, 1981. 220 p. (Coll. « Large vision »).

Réédition imprimée en gros caractères à l'usage des mal-voyants.

81A5

Jean-Luc persécuté. La Croix-sur-Lutry, Plaisir de lire, 1981. 151 p.

Réédition de 77A2.

81A6

Le Règne de l'esprit malin. Grenoble, Presses Universitaires de Grenoble, 1981. 223 p. (« Bibliothèque de l'imaginaire ». Série « romanesque »).

Introduction pp. 5–37 et dossier pp. 213–23 de Francis Olivier.
Réédition du texte paru en 1914 dans le *Mercure de France.*

81A7

Le Tout-vieux et autres nouvelles. Grenoble, Presses Universitaires de Grenoble, 1981. 214 p. (« Bibliothèque de l'imaginaire ». Série « romanesque »).

Préface pp. 7–24 et dossier critique pp. 209–14 de Francis Olivier.
Éléments biographiques pp. 25–8.

81A8

Vendanges. 42 lithographies originales de Hans Erni. Lausanne, Éd. André et Pierre Gonin, 1981. 102 p.

81B1

« Livret de famille », pp. 132-3 in Roger FRISON-ROCHE, *Le Versant du soleil* [Paris, Flammarion, 1981. 649 p.].

À propos des considérations sur sa situation familiale, Frison-Roche introduit ce texte qui n'a « jamais été commercialisé... » en hommage à Ramuz.

81C1

[Deux textes inédits de C.F. Ramuz,] *Les Amis de C.F. Ramuz,* Bulletin n° 1, an. 1981, pp. 15–26.

Textes datés l'un du 30 janvier 1917, l'autre du 25 avril 1918.

81C2

[Lettres à Alice Golay,] *Bulletin de la Fondation C.F. Ramuz,* 1981, pp. 23-4.

Ces trois lettres à Alice Golay (aujourd'hui Alice Rivaz) sont datées : 26 juillet 1940, 17 août 1940, 24 août 1946.

81C3

« Souvenir », *Bulletin de la Fondation C.F. Ramuz,* 1981, pp. 25-6.

Reprend le texte de 1915 dans *Pages d'art* (nov., n° 7) [Bibl. B.V. 743]. Ce texte se rapporte à Maurice Baud mourant le 9 août 1915 à Genève.

81E1

[*Aline*] *Lineli.* Geschicht. I ds Bärndütsche übertreit von H.U. Schwaar. Mit Zeichnige vom Emile Zbinden. Ostermundigen-Bern, Viktoria Verlag, 1981. 115 p.

CRITIQUE

1980

ALLAMAN, Jacques, « Raison d'être de Charles-Ferdinand Ramuz », *L'Écho littéraire*, n° 4, 3 mai 1980.

BO, Carlo, « Per il ritorno di *Derborence*, la semplicità di Ramuz », *Corriere della sera*, 13 settembre 1980.

BODON, Harold Wolfgang, « Sensory Perceptions in three early novels by Ramuz (*Aline, Jean-Luc persécuté, Aimé Pache*) », *Dissertations Abstract*, XL, 1979 / 1980, p. 4072A.
Thèse de Brighman Young University, 1979, 91 p.

BUCHET, Gérard *et* Jean-Paul VERDAN, « L'Activité de la Fondation [C.F. Ramuz] en 1979 », *Bulletin de la Fondation C.F. Ramuz*, an. 1980, pp. 24–6.

CARRARD, Philippe, « Ramuz et la subversion du temps », *Revue de littérature comparée*, LIV, n° 3, juill. 1980, pp. 308–20.
Réflexions sur l'emploi des temps verbaux dans la nouvelle intitulée « Scène dans la forêt » [Bibl. B.V. 79].

CARRARD, Philippe, « Ramuz et le problème de la narration », *Neophilologus*, LXIV, Jan. 1980, pp. 54–63.

CARRARD, Philippe, [c.r.,] *French Forum*, no. 5, 1980, pp. 91–3.
C.r. de 1979 BEVAN.

CARRARD, Philippe, « C.F. Ramuz : conscience régionale et responsabilité des formes », *Standford French Review*, IV, Winter 1980, pp. 365–77.

CHAPPUIS, Pierre, [c.r.,] *Sud*, n° 36, an. 1980, pp. 91-2.
C.r. de 1979 MONNIER.
Allusion à l'audience littéraire de Ramuz en Suisse romande.

DEMONT, Micheline. *Inventaire du fonds Adrien Bovy*. Lausanne, Bibliothèque cantonale et universitaire, département des manuscrits, 1980. 63 f.

Documents sur la littérature romande. Correspondance avec divers auteurs dont C.F. Ramuz.

DENTAN, Michel, « Violence de Ramuz », *Études de lettres*, s. IV, t. III, n° 4, oct.–déc. 1980, pp. 21–33.

> L'activité créatrice dans l'œuvre de Ramuz, réflexions sur ses résultats, sur ce qui la fonde... Intérêt pour la violence destructrice et régénératrice. L'écriture source d'ébranlement et de renouvellement, et donc manifestation de violence. Les instances narratrices dans *La Grande peur*...

● DONNET, André. *La Véritable histoire de Joseph-Samuel Farinet, faux-monnayeur*. Lausanne, Payot, 1980. 95 p.

DULIÈRE, André, « Bibliographie Ramuz », *Les Lettres romandes*, t. XXXIV, n° 1, févr. 1980, pp. 95-6.

> C.r. de 1979 [*Ramuz*. Expositions] Bruxelles.
> Dulière célèbre les mérites de l'exposition et la richesse du catalogue. Il rend hommage à Ramuz dont le refus de toute soumission a été et reste exemplaire. « *La leçon de Ramuz vaut toujours. C'est une leçon de foi, de modestie, de persévérance, d'indépendance surtout.* »

DULIÈRE, André, « Ramuz et la sainteté », *Revue générale* [Bruxelles], CXVI, n°s 8-9, août-sept. 1980, pp. 43–8.

> 78A7 : *Des Saints, des sages.*
> Évoquant Goethe, Cézanne, Rimbaud, Claudel et Juste Olivier, Ramuz s'interroge sur la création et sur lui-même.

● ECKERT-BENZAKEIN, Danièle. *L'Expression de la sensualité dans "Passage du poète", "La Beauté sur la terre", "La Séparation des races", "Adam et Ève", "Le Garçon savoyard", et des références à l'Amour de la fille et du garçon dans "Salutation paysanne" de C.F. Ramuz.* Université de Genève, Faculté des lettres, 1980. 81 f.

> Mémoire de licence.

FANTINI, Torquato, « *Aline* de C.F. Ramuz », *Letture*, febbraio 1980.

● GEHRING, Marco. *Une Lecture de "Derborence"*. Université de Zürich, Faculté de philosophie, 1980. 98 p.
Mémoire de licence, nov. 1980.

GSTEIGER, Manfred, « Littérature et nation en Suisse romande et en Suisse alémanique. Quelques exemples du XXᵉ siècle », *Revue de littérature comparée*, oct.–déc. 1980, pp. 403–10.
Entre autres écrivains, Gsteiger évoque Ramuz, Vaudois et francophone hostile à l'idéologie nationale suisse.

HALDAS, Georges, « Parole française, silence helvétique », *Magazine littéraire*, nº 161, mai 1980, pp. 70-1.
Considérations sur le silence et le langage voulu par Ramuz dans ses romans, langage qui n'informe pas sur les choses mais ressuscite les choses, en cela proche de la parole poétique.

HAMASAKI, Shiro, « *Cahiers vaudois* to C.F. Ramyu » [« *Cahiers vaudois* et C.F. Ramuz »], *K[wansei] G[akuin] Studies in German and French*, no. 45, 1980, pp. 51-68.

HAMASAKI, Shiro, « C.F. Ramyu *no Vaud no gaka Aimé Pache* » [« *Aimé Pache, peintre vaudois* de C.F. Ramuz »], *Shôgaku Ronkyû*, nº 27, 1980, pp. 575–94.

JAKUBEC, Doris, [Présentation d'un inédit de Pourrat,] *Études de lettres*, s. IV, t. III, nº 4, oct.–déc. 1980, pp. 1-2.
Évocation des liens unissant Ramuz et Pourrat.

JAKUBEC, Doris, « Poulaille : "Ramuz m'a aidé à être moi" », *Journal de Genève*, 26-27 avril 1980, Samedi littéraire, p. III.
Évocation des liens unissant Poulaille et Ramuz. L'intérêt de Poulaille pour Ramuz était tel qu'il a fait don des documents concernant Ramuz en sa possession à la Bibliothèque cantonale et universitaire de Lausanne.

JEANNET, Daniel, « La Suisse romande des années Vingt, carrefour des avant-gardes théâtrales », *Journal de Genève*, 1ᵉʳ-2 mars 1980, Samedi littéraire, p. IV.
> Le début de l'article présente les divers commentaires formulés sur *L'Histoire du soldat* dans *Les Voies de la création théâtrale*, tome VI.

● JOBIN, Agnès, *"Aimé Pache, peintre vaudois" de C.F. Ramuz : une lecture*. Université de Fribourg, Faculté des lettres, 1980. 107 p.
> Mémoire de licence.

LABHART, Walter, « C.F. Ramuz und drei Komponisten », *Basler Magazin*, Nr. 4, 11 Sept. 1980.

LE BRIS, Michel, « Ramuz l'ascétique », *Le Nouvel Observateur*, n° 800, 10–16 mars 1980, pp. 78-9.
> Portrait de Ramuz (l'article est accompagné d'une photo). Commentaires sur l'œuvre et les préoccupations de Ramuz. Résumé de *La Beauté sur la terre* adapté pour France-Culture par Luc Decaunes.

LESURE, François *et* Jean-Michel NECTOUX. *Igor Stravinski. La carrière européenne*. Musée d'art moderne de la ville de Paris, 1980. 121 p.
> Catalogue de l'exposition présentée au Musée d'art moderne de Paris, du 14 octobre au 30 novembre 1980, lors du Festival d'Automne à Paris.
> Voir dans le chapitre intitulé « Les Années suisses 1915–1920 », les pages 43–52. P. 50, présentation de *Histoire du soldat*.

LONGCHAMPT, Jacques, « Les Images du diable », *Le Monde*, 17 déc. 1980, p. 1 et p. 20.
> Article consacré à l'interprétation de quelques œuvres de Stravinsky — dont *Histoire du soldat* — lors du Festival d'Automne. Longchampt rend hommage à René Planchon qui « *donne chair au texte* [...] *: Ramuz grandit, la sagesse des nations devient une fantastique étoffe humaine* ».

MARKEVITCH, Igor. *Être et avoir été*. Paris, Gallimard, 1980. 516 p.
Quelques pages sont consacrées à Ramuz. Sur ces pages, voir 1983 *C. F. Ramuz 1. Études ramuziennes*, pp. 171–82.

MASSARUT, Giuliania, « La Svizzera di Ramuz », *Culture française* [Bari], XXVII, 1980, pp. 15–7.

MENOUD, Gérard, « Charles-Ferdinand Ramuz et le communisme : une hauteur de ton », *Construire* [Spreitenbach], 20 févr. 1980, p. 19.
Présentation des idées de Ramuz sur le communisme dans les trois essais : *Le Grand Printemps, Taille de l'homme, Besoin de grandeur*.

MOZZATI, Rosalba, « La Montagna e gli uomini », *Alba*, 17 ottobre 1980.
Article consacré à la traduction italienne de *Derborence*.

NECTOUX, Jean-Michel.
Voir LESURE.

● PAGIN, Véra. *Histoire et histoires de l'"Histoire du soldat" de Ramuz et Stravinsky*. Nyons, Publications G. V. Services, 1980. 53 p.
Texte bilingue, allemand et français.

PANZERI, Fulvio, « In Edizione italiana il romanzo di Ramuz : *Derborence*, montagna del nostro mistero », *Il Sabato*, 9 agosto 1980.

PERROCHON, Henri, « Ramuz et l'enfant », *Culture française*, XXVII, 1980, pp. 85–7.

PORZIO, Domenico, « *Derborence* », *Panorama*, 1 settembre 1980, p. 11.

POURRAT, Henri, « La Grappe et la coupe », *Études de lettres*, s. IV, t. III, n° 4, oct.–déc. 1980, pp. 3–20.
Voir JAKUBEC.
Évocation du pays de Lavaux, du Léman, des Alpes...

Hommage à Ramuz serviteur de la vérité, attentif aux lieux, aux habitants de ces lieux.

Rossi Saca, Pierangela, « Il Legame fra l'uomo e la natura nel romanzo *Derborence* dello svizzero Ramuz. In una saga moderna Euridice vince la morte », *Avvenire*, 30 luglio 1980.

Sozzi, Giorgio P., [c.r.,] *Culture française*, XXVII, 1980, pp. 137–9.
C.r. de 1978 Haldas, *Trois écrivains...*

Stumm, Reinhardt, « Suchbild », *Tages Anzeiger Magazin* [Zürich], Nr. 30, 29 Sept. 1980.

Tappy, José-Flore, « Comptes rendus bibliographiques », *Études de lettres*, s. IV, t. III, oct.–déc. 1980, pp. 69–75.
Pp. 69–75 c.r. de 1978 « Théâtre et musique... ».
P. 75 c.r. de 79E2 : [*Histoire du soldat*].

Vanni, Italo, « Sedotta e abbandonata, *Aline* di C.F. Ramuz », *Il Resto del carlino*, 1 marzo 1980.

Vanni, Italo, « La Montagna come una dea », *Il Resto del carlino*, 22 novembre 1980.
Article consacré à la traduction italienne de *Derborence*.

Vernier, Richard, [c.r.,] *World Literature today,* 54, 1980, pp. 254-5.
C.r. de 1979 Bevan.

Walzer, Pierre-Olivier, « Ramuz, après le centenaire, les publications ne cessent de pleuvoir », *Journal de Genève,* 29-30 mars 1980, Samedi littéraire, p. II.
Présentation de quelques textes ramuziens réédités, du choix de textes réunis sous le titre *La Pensée remonte les fleuves* et de divers ouvrages critiques (*Ramuz et le temps de l'enfance* de S. Cuendet ; *Les Voies de la création théâtrale*, VI ; *Bulletin de la Société Paul Claudel*, n° 76 ; Thèse de Ueli Gyr).

1981

BONA, Dominique, « Une Reconstitution patiente de pays aimés »,
Le Quotidien de Paris, n° 483, 17 juin 1981, p. 30.
Originalité du style de Ramuz.

B[ONA], D[ominique], « Un Anti-Malraux », *Le Quotidien de
Paris*, n° 483, 17 juin 1981, p. 31.
78A4 : *Journal.*

BONANATE, Mariapia, « Estate all'ombra di un libro », *Madre*,
luglio 1981.
Présentation de *Derborence*.

BORGEAUD, Georges, « C.F. Ramuz : le grand style paysan », *Le
Quotidien de Paris*, n° 483, 17 juin 1981, pp. 29-30.
Ramuz comme écrivain exemplaire par son anti-conformisme et
sa lucidité.

BRENNER, Jacques, « Lire et relire Charles-Ferdinand Ramuz. La
réalité et les rêves. Un intellectuel qui abandonna Paris pour
retrouver la saveur du monde paysan », *Le Matin de Paris*,
17 juill. 1981, p. 16.
Récuse certaines idées reçues à propos de Ramuz, suggère un
parallèle entre Ramuz et Giono, cerne divers aspects de l'œuvre
de Ramuz, ici réaliste, là marquée par le merveilleux chrétien.
Une photo (Ramuz en 1940).

BUCHET, Gérard *et* Jean-Paul VERDAN, « L'Activité de la Fondation [C.F. Ramuz] en 1980 », *Bulletin de la Fondation C.F.
Ramuz*, an. 1981, pp. 27-9.

CONDÉ, Gérard, « Le Vrai soldat de Stravinsky : une coproduction
régionale », *Le Monde*, 22 janv. 1981, p. 14.
Remarques sur une mise en scène fruit d'une coproduction
régionale en Poitou-Charente (« *Cultivant l'ambiguïté entre un jeu*

réaliste et une présentation de certains épisodes au second degré, comme si Joseph, le soldat, rêvait son aventure et que cette moralité était un cauchemar, la mise en scène, dans un décor symbolique [...] permettait à l'imagination de vagabonder sans pour autant la distraire de l'objet principal. »).

CORNUZ, Jean-Louis, « Par-delà Ramuz », pp. 122–34 in *Lettres romandes* [Lausanne, L'Aire, 1981. 262 p. (Textes et études réunis en hommage à Gilbert Guisan.)].

CRUCHET, B.P., « À la Galerie La Proue. Huit artistes et *Le Petit village* », *Gazette de Lausanne*, 8 déc. 1981, p. 5.
Exposition à la galerie La Proue, à Lausannne, d'une part de documents relatifs à la première œuvre de C.F. Ramuz, d'autre part de dessins, gravures, etc., en rapport avec l'œuvre de Ramuz, voire Ramuz lui-même, demandés à des artistes par Jil Silberstein.

DESPONDS, Françoise, « Auberjonois, Ramuz, Alexandre Cingria et le monde forain », pp. 193–205 in *Lettres romandes* [Lausanne, L'Aire, 1981. 262 p. (Textes et études réunis en hommage à Gilbert Guisan.)].

DIFEDE, Nicolo, « Nuovo interesse per Charles-Ferdinand Ramuz », *Humanitas : Rivista di cultura* [Brescia], 36 (2), aprile 1981, pp. 255–69.

FANTINI, Torquato, « *Derborence* di C.F. Ramuz », *Letture*, aprile 1981.

GALLAZ, Christophe, « Stravinski—Ramuz. Trois pas pour un miracle », *Tribune-Le Matin*, 8 déc. 1981, p. 13.
L'Histoire de *L'Histoire du soldat* joué le 28 septembre 1918 à Lausanne.
Article écrit en marge de la publication de *Histoire et histoires de "L'Histoire du soldat"* de Véra Pagin.
Une photo d'Igor Stravinski.

● HUMMEL, Jeannine. *Poétique et lecture de deux romans de C.F. Ramuz*, avec une étude des traductions en langue allemande. Mémoire de licence, Université de Zürich, Faculté des lettres. Zürich, 1981. 128 p.

LÉON, Yvonne, « Ch.-F. Ramuz : le petit village », *L'École des lettres*, II, n° 6, 1er déc. 1981, pp. 13–8 et p. 51.

Analyse structurale du premier poème (à savoir « *Le Pays* ») et non du recueil tout entier en vue d'une composition française en classe de seconde.

MAZZARIOL, Ferrucio, « Felice riscoperta italiana del fecondo scrittore svizzero. La narrativa di Ramuz », *Il Giornale di Vicenza*, 8 gennaro 1981.

Même article dans *L'Arena*, 8 gennaro 1981, et dans *Avvenire*, 15 marzo 1981.

MONTRÉMY, J.-M. DE, « À certains moments le silence a un sens », *La Croix*, 17-18 mai 1981, p. 7.

81A6 : *Le Règne...*
81A7 : *Le Tout-vieux.*

MURET, Colette, « Grâce à l'éditeur le plus entêté de Londres, Ramuz, Auberjonois, Stravinski revivent dans la revue bilingue "Adam" », *Gazette de Lausanne*, 13-14 juin 1981, pp. 1-2.

Article présentant la revue *Adam* (sigle pour Arts, Architecture, Drama, Music) de Myron Grindea. Un des numéros de la revue a été consacré à Ramuz. « *S'ouvrent ainsi pour nous dans cette élégante revue anglaise, les paysages familiers de "La Muette" à Pully et d'un Ramuz tour à tour ami et ennemi intime de son voisin René Auberjonois, vu par le fils du peintre, et par Anne-Marie Monnet, décrite dans "Aimé Pache" comme la petite fille en mauve. Des lettres inédites de Ramuz et de Stravinski, des portraits d'Alexandre Blanchet et de Théodore Stravinski, des textes de Gilbert Guisan, de Gustave Rond, de Daniel Simond complètent le cahier dédié à Ramuz [...].* »
Deux photos par Myron Grindea.

● OTTINO, Véronique. *Les Signes parmi l'œuvre de Ramuz. Essai sur trois romans*. Mémoire de licence, Université de Genève, Faculté des lettres. Genève, 1981. 54 f.

● PASQUALI, Adrien. *C.F. Ramuz. Écrire : un mandat, une fidélité.* Université de Fribourg, Faculté des lettres. Fribourg, 1981. 173 p.
Mémoire de licence.

● PERNET, Françoise. *"Joie dans le ciel" et "Passage du poète" : deux étapes du parcours esthétique ramuzien.* Université de Lausanne, Faculté des lettres. Lausanne, 1981. 66 f.
Mémoire de licence.

PIERRE, Jean-Louis, « Découvrir Ramuz », *La Nouvelle République du Centre-Ouest* [Tours], 11 mars 1981, p. D.
Présentation de Ramuz, de divers textes, en particulier de textes récemment réédités en collections de poche. Cette présentation est précédée d'un encadré non signé de la rédaction.
Divers renseignements sur les activités de la Société des Amis de C.F. Ramuz. Une photo (Ramuz en 1940).

PIERRE, Jean-Louis, « Pour un retour de Ramuz », *Le Français aujourd'hui*, supplément au n° 55, 1981, p. 10.
Extrait d'une lettre adressée à la revue.
Plaidoyer en faveur de l'étude de l'œuvre de C.F. Ramuz dans les classes de second cycle.

POGET, Jacques, « "Être et avoir été" : La première vie d'Igor Markevitch. Création d'un inédit qu'il écrivit avec Ramuz », *Tribune-Le Matin,* 19 avril 1981.

● SCHMID, Markus. *C.F. Ramuz. Kritik macht man mit dem Anti kritischen.* Zürich, ADAG Administration & Druck AG, 1981. 250 p., 13 pl.
Bibliographie pp. 233–47.
Thèse de doctorat, Fac. de philo. I, Univ. de Zürich.

SCHNEIDER, Marcel, « Deux artistes que tout séparait », *Le Quotidien de Paris*, n° 483, 17 juin 1981, p. 31.
À propos des œuvres élaborées par Ramuz et Stravinski.

SOZZI, Giorgio P., [c.r.,] *Bérénice 1*, nov. 1980, pp. 166–8.
Alliance culturelle romande, cahier 24.

SOZZI, Giorgio P., « La Letteratura suisse romande oggi (rassegna 1979) », *Esperienze letterarie*, 1981, n. 1, pp. 87–104.
Entre autres livres, Sozzi évoque celui de Mounier, *Écrire en Suisse romande...* et cite Ramuz pour illustrer la pertinence de l'argumentation de Mounier dans son ouvrage (p. 91).

SUGIYAMA, Tsuyoschi. « Ramyu no nintai » [« Patience de Ramuz »], *Romandie*, vol. 4, 1981, pp. 1–10.
Première partie d'une traduction de l'ouvrage de Albert BÉGUIN, *Patience de Ramuz* [Bibl. B.V. 998].

VALLON, Claude, « *L'Histoire du soldat*. Ramuz ambassadeur? », *La Suisse*, 13 sept. 1981, Weekend Dimanche, p. III.
Pour marquer son dixième anniversaire, le Théâtre de la vie, installé à Bruxelles, a choisi de monter *L'Histoire du soldat* pour des enfants. « *Est-ce un spectacle pour enfants, demanderont certains?* [...] *Le fait est que pour marquer un événement dans la conduite d'une aventure théâtrale pour enfants, une troupe belge s'arrête à "L'Histoire du soldat" : ce sujet en soi demande réflexion.* »

COMPLÉMENT
à la bibliographie
BRINGOLF-VERDAN

ŒUVRES

1940

40E1

Aline. Deutsch von Werner Johannes Guggenheim. Zürich und Leipzig, Rascher Verlag, 1940. 198 p.

40E2

[*Chant de notre Rhône*] *Gesang von den ländern der Rhône.* Deutsch von W.J. Guggenheim. Mit 30 Zeichnungen von Eugen Früh. Zürich, Morgaten Verlag, 1940. II-74 p.

40E3

[*Découverte du monde*] *Entdeckung der Welt.* Deutsch von W.J. Guggenheim. Zürich, Büchergilde Gutenberg, 1940. 212 p.

40E4

[*Jean-Luc persécuté*] *Ueldoezoett vad. Regény.* Forditotta Albert Gyergyai. Budapest, Révai, 1940. 243 p. («Világsikerek»).

1941

41E1

[*Aimé Pache, peintre vaudois*] *Aimé Pache, ein waadländischer maler*. Zürich, Humanitas Verlag, 1941. 352 p.

1942

42E1

Derborence. Traduzione di Valeria Lupo. Milano, V. Bompiani, 1942. 254 p.

42E2

[*Vie de Samuel Belet*] *Samuel Belet*. Deutsch von W.J. Guggenheim. Zürich, Steinberg, 1942. 366 p.

42E3

[*Le Village dans la montagne*] *Das Dorf in der Bergen*. Deutsch von W.J. Guggenheim. Mit 50 Zeichnungen von Eugen Früh. Zürich, Morgaten Verlag, 1942. II-186 p.

1943

43E1

[*Adam et Ève*] *Adam und Eva*. Deutsch von W.J. Guggenheim. Zürich, Steinberg, 1943. 245 p.

43E2

What is man. Transl. by Paulding. Introd. by Albert Béguin. New York, Pantheon Books, 1943.

Extraits de *Besoin de grandeur, Taille de l'homme* et *Questions*.

1944

44C1

« Pages de Journal », *Fontaine,* 5ᵉ an., t. 6, nº 33, 1944,
pp. 255–74.

44E1

Derborence. Traduzione e prefazione di Valeria Lupo.
Milano, V. Bompiani, 1944. 256 p.

44E2

[*La Guérison des maladies*] *Erlösung von den Übeln.*
Deutsch von W.J. Guggenheim. Zürich, Steinberg, 1944.
252 p.

44E3

[*Présence de la mort*] *The End of all Men.* Rendered into
English by Allan Macdougall. Introd. by Denis de
Rougemont. New York, Pantheon Books, 1944.
19-222 p.
Version française de l'introduction dans 1978 ROUGEMONT.

44E4

[*Si le soleil ne revenait pas*] *Se il sole non tornasse.*
Traduzione di Valeria Lupo. Milano, V. Bompiani, 1944.
165 p.

1945

45E1

[*La Guerre aux papiers*] *Aufstand in der Waadt.* Deutsch
von W.J. Guggenheim. Bern, Gute Schriften, 1945.
118 p.

45E2

Journal 1896–1932. London, Greenwood Press, 1945.

1946

46E1

[*Présence de la mort*] *The Triumph of Death*. Rendered into English by Allan Ross Macdougall and Alex Comfort. London, Routledge, 1946. xvi-155 p.

L'Histoire du soldat de C.L. [*sic* pour F.] *Ramuz et Stravinski pour la musique*. Théâtre des Champs Élysées, mai MCMXLVI [avec : Genèse de l'*Histoire du soldat* par C.F. Ramuz. La partition d'Igor Stravinski par E. Ansermet, Rencontre de Ramuz et de Stravinski par C.F. Ramuz]. Paris, Mercure-publicité, 1946. 8 f., 25 cm, fig., portrait.

1947

47B1

[« Neuf poèmes »,] pp. 323–31 in *Poètes d'aujourd'hui*, choix et présentation de Jean Paulhan. Paris et Lausanne, Éd. de Clairefontaine, 1947.

47B2

« Pages d'un neutre », « Défense du sacré », pp. 53–60 in *La Patrie se fait tous les jours*. Paris, Minuit, 1947.
    L'anthologie de textes en langue française élaborée par Jean

Paulhan et Dominique Aury reprend les textes de Ramuz parus
dans *La Nouvelle revue française* de mars et avril 1940 [Bibl.
B.V. 737].

47E1
[*Derborence*] *Derboranza*. Traduit par Carlos Ventura,
illustré par E.C. Ricart. Barcelona, Editorial Juventud,
1947. 233 p.

47E2
[*Joie dans le ciel*] *Gioia nel cielo*. Traduzione di Armando
Sellani. Roma, An. Veritas Ed., 1947. 104 p. [« Iride »,
vol. III].

47E3
[*Taille de l'homme*] *Statura umana*. Traduzione e prefazione di Franco Fortini. Milano, Ed. di Comunità,
1947. XII-97 p.

1948

48E1
[*Le Père Antille...*] *Vater Antille und andere Novellen.*
Deutsch von Hedwig Wurzian. Zürich, Steinberg
Verlag, 1948. 214 p.

1949

49E1
[*Derborence*] *When the Moutain fell.* Translated by Surah
Fischer Scott. London, Eyre and Spottiswoode, 1949.
221 p.

49E2

[*Taille de l'homme*] *Mass des Menschen*. Ins Deustche
uebertr. von Ferdinand Hardekopft. Zürich, Büchergilde Gutenberg, 1949. 182 p.

1950

50E1

[*La Beauté sur la terre*] *Die Schönheit auf Erden*. Deutsch
von W.J. Guggenheim. Zürich, Steinberg, 1950. 296 p.

50E2

[*Journal*] *Tagebuch 1896–1942*. Ubertr. von Elisabeth Ihle
und Ferdinand Hardekopf. Zürich, Steinberg Verlag,
1950. 399 p.

1951

51E1

[*Histoire du soldat*] *Die Geschichte von Soldaten*. Gelesen,
gespielt u. getanzt in 2 Tlen; Musik : Igor Stravinski.
Freie Nachdichtung von Hans Reinhart. Holzschn. :
Franz Masereel. Zürich, Oprecht, 1951. 51 p.

51E2

[*Vie de Samuel Belet*] *The Life of Samuel Belet*. Translated
by Mervyn Savill. London, Hutchinson and Co., 1951.

51E3

[*Jean-Luc persécuté*] *De Waanzin van Jean-Luc* (verhaal uit
de bergen). Vertaald door Pol Heyns, houtskoolteke-

ningen van Albert Servaes. Antwerpen, Pro Arte, 1951.
155 p. (« Het vagantenschip », II).

51E4

[*Asymétrie, Défense du sacré.*] Traduits en japonais par
Shigeru Taninaga, pp. 45–51 du tome I de *Sokoku wa
nichi-ya tsukurareru*, 2 vol. Tokyo, Librairie Getsuyo-
shobô, 1951.

Traduction de deux textes de Ramuz parus dans *La Patrie se
fait tous les jours*, recueil de textes réunis par J. Paulhan et
D. Aury (Paris, Minuit, 1947). Sur cette traduction, voir 1984
C.F. Ramuz 2, p. 155 et note pp. 160-1.

1952

52E1

[*Le Garçon savoyard*] *Der Junge Savoyarde.* Ubertr. Werner
Johannes Guggenheim. Berlin, Frankfurt a. M., Suhrkamp, 1952. 182 p. (« Bibliothek Suhrkamp », 7).

52E2

Derborence. Trad. en serbo-croate par Alexandre E.
Arséniyévitch. Belgrade, Prosveta, 1952. 179 p.

52E3

[*Histoire du soldat*] *Storia del soldate.* Da leggere, recitare,
suonare e danzare in due parti. Testo di C.F. Ramuz.
Versione italiana [dallo spagnolo] di Ettore Sigon.
Musica di I. Stravinsky. Milano, Ed. Carisch, 1952.
27 p.

1953

53E1

[*Jean-Luc persécuté*] *Juan-Lucas. Drama en la montana.*
Traduit par Ramon Carnicer Blanco. Barcelona,
Editorial Juventud, 1953. 174 p.

1954

54E1

[*Histoire du soldat*] *De Geschiedenis van den soldaat.*
Nederlandsche bewerking M. Nijhoff... Amsterdam,
C.G.A. Corvey Papiergroothandel, 1954. 25 p.

1955

55B1

Halte des forains, pp. 165–74 in *French tales of our time*
[Londres, Harrap Co. Ldt., 1955].
Notice de présentation sur Ramuz p. 164 et notes de P. Lough.

55E1

[*Histoire du soldat*] *The Soldier's Tale.* English version by
Michael Flanders and Kitty Black. London, J. and W.
Chester, 1955. 35 p.

1956

56E1

[*La Grande peur dans la montagne*] *Das Grosse Grauen in
den Bergen.* Dt. von Johannes Guggenheim. Ungekürzte

Ausg.. Frankfurt a. M. u. Hamburg, Fischer Bücherei, 1956. 154 p.

56E2

[*La Dame blanche*] *Die Weisse Dame.* Aus d. Nachlass ins Dt. übertr. von Walter Widmer. Basel, Papillons Verlag, 1956. 19 p.

56E3

[*Jean-Luc persécuté*] *Hans Lukas, der Verfolgte.* Ins Dt. übertr. von Werner Johannes Guggenheim. Aarau u. Frankfurt a.M., Sauerländer, 1956. 115 p.

1958

58E1

[*La Grande peur dans la montagne*] *Kyôfu no yama.* Traduit en japonais par Toru Kawai. Tokyo, Librairie Hôbundô, 1958. 260 p.

1961

61E1

[*Jean-Luc persécuté*] *Gianluca perseguitato.* Traduzione di P. Bianconi. Milano, Ed. Rizzoli, 1961. 120 p. (« Bibl. universale Rizzoli », 1765-1766).

1963

63E1

Pastorale und andere Erzählungen. Auswahl und Nachwort

von Elisabeth Brock-Sulzer. Aus dem Französischen
übertragen von Hedwig Wurziam und Albert Baur.
Mit Zeichnungen von René Auberjonois. Zürich,
Diogenes, 1963. 499 p.

Pp. 447–99 : « Charles Ferdinand Ramuz », von Elisabeth Brock-Sulzer.

1965

65E1

Aline. Traduit par José Baeza, illustré par Jaime Azpelicuta.
Barcelona, Ed. Juventud, 1965. 157 p.

1967

67E1

[*La Grande peur dans la montagne*] *Terror on the Mountain*.
Transl. from the French by Milton Stansbury. New
York, Harcourt, Brace and World, 1967. 151 p. (« A
Helen and Kurt Wolff Book »).

67E2

[« *Voix dans la montagne* »] « *Topos B ropax* ». Traduction de V. Tolli, *Volga*, n° 7, 1967, pp. 71–6.

1968

68A1

Derborence. Paris, Éditions André Bonne, 1968. 205 p.

68A2

Cézanne : formes. Lausanne, Bibliothèque des Arts, 1968.
61 p., fig. (« Rythmes et couleurs ». 2ᵉ série ; 2).

Cet ouvrage contient : « Cézanne le précurseur», extrait des *Grands moments du XIXᵉ siècle français*; « L'Exemple de Cézanne ».

1970

70E1

[*La Grande peur dans la montagne*] *Cumbres de espanto.*
Barcelona, Plaza O Janes, 1970. 155 p.

1972

72E1

Aline, [*Jean-Luc persécuté*] *Jean-Luc der Verfolgte, Samuel Belet.* Hrsg. von Werner Günther. Frauenfeld und Stuttgart, Huber, 1972. 465 p (*Werke* in sechs Bänden / C.F. Ramuz Bd 1).

72E2

[*Aimé Pache, peintre vaudois*] *Aimé Pache pictor din Vaud.* În românește de Ion Băieșu și M. Călinescu. Prefață de H. Zalis. București, Editura Univers, 1972. 247 p.

La préface occupe les pp. 5–13.

1973

73A1

La Séparation des races. La Croix-sur-Lutry, Plaisir de lire, 1973. 207 p.

1973

73A2

Morceaux choisis. La Croix-sur-Lutry, Plaisir de lire, 1973.
400 p.

Réédition de 65*a* Bibl. B.V.

73C1

« La Maison de Nietzsche », *Gazette de Lausanne,* 29-30
déc. 1973.

Reprend le texte de 1904 dans la semaine littéraire (9 juillet)
[Bibl. B.V. 783].

73E1

[*La Beauté sur la terre*] *Die Schönheit auf der Erde,*
[*Farinet ou la fausse monnaie*] *Farinet oder das falsche
Geld, Derborence,* [*Le Garçon savoyard*] *Der Bursche
aus Savoyen.* Hrsg. von Werner Günther. Frauenfeld
und Stuttgart, Huber, 1973. 550 p. (*Werke* in sechs
Bänden / C.F. Ramuz Bd 4).

Voir 72E1 : *Aline, Jean-Luc der Verfolgte, Samuel Belet.*

73E2

Passage du poète. Lausanne, Bibliothèque Romande, 1973.
181 p. (« Bibliothèque romande », 20).

Notice de Michel Dentan pp. 163–82 : pp. 165–9 repères bio-
bibliographiques ; pp. 171–82 présentation de l'œuvre.

1974

74A1

La Beauté sur la terre. Paris, Grasset, 1974. 303 p.

74A2

La Grande guerre du Sondrebond. Lausanne, Éditions du Théâtre dans la Rue, 1974. 32 p.

Texte édité à l'occasion de la tournée du Théâtre dans la Rue organisée par le Centre Dramatique de Lausanne. 2000 exemplaires sur papier journal.

74E1

[*Le Règne de l'esprit malin*] *Die Herrschaft des Bösen,* [*La Séparation des races*] *Die Trennung der Rassen,* [*Passage du Poète*] *Besucht des Dichters,* [*La Grande peur dans la montagne*] *Die Grosse Angst in den Bergen.* Hrsg. von Werner Günther. Frauenfeld und Stuttgart, Huber, 1974. 467 p. (*Werke* in sechs Bänden / C.F. Ramuz Bd 3).

Voir 72E1 : *Aline...* ; 73E1 : [*La Beauté sur la terre*]...

74E2

[*Souvenirs sur Igor Stravinski*] *Erinnerungen an Igor Stravinski.* Übertragen von Leonharda Gescher. Frankfurt a. M., Suhrkamp, 1974. 103 p. (« Bibliothek Suhrkamp », 17).

COMPLÉMENT

à la bibliographie

BRINGOLF-VERDAN

Critique

1940

LUPO, Valeria, « C.F. Ramuz, romanziere e poeta », *Nuova antologia*, an. 75, fasc. 1636, 16 maggio 1940-XVIII, pp. 204–8.
> Cet article est paru en volume, associé à d'autres articles évoquant diverses personnalités littéraires [Bibl. B.V. 954].

MONNIER, Adrienne, « Memories of the other war », *Life and Letters Today*, XXVI, no. 35, July 1940, pp. 17–23; no. 36, August 1940, pp. 137–9.
> Transl. by Bryher.
> Traduction de B.V. 1308.

1943

BROCK, Erich, « Das Magische im Stil von C.F. Ramuz », *Trivium*, Heft 4, 1943, pp. 16–33.

GUI, Vittorio, « Musica e letteratura », *Nuova antologia*, an. 78, fasc. 1713, Primo agosto 1943, pp. 205–7.
> Article consacré à *Derborence*. Parallèle entre *Typhon* de Conrad et *Derborence* de Ramuz.

1944

DEMURGER, Marcel, [c.r.,] *Les Cahiers français*, n° 11, mai 1944, pp. 54–6.
C.r. de *La Suisse romande* [Bibl. B.V. 48a].

1945

AURY, Dominique, « *Vie de Samuel Belet* », La Nef, mai 1945, p. 121.

BRION, Marcel, « La Guerre aux papiers », *La Nef*, juill. 1945, p. 133.

GRENEN, Esther, « C.F. Ramuz — ecce vates ! », *Ord och Bild*, Femtiofjärde arg., Nr. 10, 1945, pp. 445–51.

KEMP, Robert, « Deux romans de C.F. Ramuz », *Les Nouvelles littéraires*, n° 923, 1945.

PICK, Robert, « The Regional Work of C.F. Ramuz », *Saturday Review of Literature,* XXVIII, no. 4, 27 Jan. 1945, p. 30.

PICON, Gaëtan, « Le Roman de Queneau à Ramuz », *Confluences*, 5e an., n° 7, sept. 1945, pp. 778–82.

TRILLING, Diana, « Fiction in review », *The Nation*, CLX, no. 6, Feb. 10, 1945, pp. 163-4.

1946

DEMURGER, Marcel, « Un Écrivain romand : C.F. Ramuz », *L'Avenir de Cholet*, 19 janv. et 2 févr. 1946.

DOLLÉANS, Édouard, « *Journal, 1906–1942* », *La Nef*, nov. 1946, p. 197.

ROUSSEAUX, André, « Le Journal de Ramuz », *France-Illustration*, 2ᵉ an., nᵒ 35, 1ᵉʳ juin 1946, p. 627.

ZOPPI, Giuseppe, « Parigi e Ramuz », *La Rassegna d'Italia*, an. I, n. 11, novembre 1946, pp. 61–3.

1947

ALLMEN, Jean-Jacques VON, « Un Témoin de l'Ancien Testament », *Réforme*, 14 juin 1947.

ARLAND, Marcel, « Hommage à Ramuz », *Combat*, 30 mai 1947, p. 2.

BARBEAU, Victor, « Nouvelles — C.F. Ramuz », *Liaison*, nᵒ 8, oct. 1947, pp 483–6.

BERTHOUD, Dorette, « Un Poète-peintre chrétien », *Réforme*, 14 juin 1947.

CHAZEL, Pierre, « Humanisme de Ramuz », *Réforme*, 14 juin 1947.

FLEURENT, Maurice, « C.F. Ramuz poète de la vie », *Maintenant*, nᵒ 5, 1947, pp. 41–52.

FULLER, Roy, « A Swiss novel », *Tribune*, no. 535, April 1947, p. 16.

HELLENS, Franz, « Ramuz », *La Dernière heure*, 42ᵉ an., nᵒ 159, 8 juin 1947, p. 9.

JANS, Adrien, « C.F. Ramuz ou la beauté sur la terre », *Revue générale belge*, n° 19, juin 1947, pp. 13–7.

LAVAUD, Guy, « Ramuz et l'amour du monde », *Gavroche*, 29 mai 1947.

LEJEUNE, Honoré, « Au Palais des Beaux-Arts : *Orphée* et *L'Histoire du soldat* », *Bruxelles-Théâtre 46*, 1947, pp. 97–100.

MARTIN, Vio, « Les Lettres suisses en deuil : C.F. Ramuz », *Âge nouveau*, n° 21, 1947, pp. 129–30.

MASSINGER, André, « C.F. Ramuz et l'Académie », *Études classiques*, t. 15, 1947, pp. 331–40.

NADEAU, Maurice, « Un Travailleur du lieu commun », *Combat*, 30 mai 1947, p. 2.

PAUWELS, Louis, « C.F. Ramuz », *Paru*, n° 32, juill. 1947, pp. 14–6.

PICK, Robert, « Old-world views on new-world writing », *Saturday Review of Literature*, XXXII, no. 34, 20 August 1949, pp. 6–8 ; pp. 35–8.

REVEL, Bruno, « Attorno a Ramuz », *Bolletino di letterature moderne*, I, 1947, pp. 136–40.

SCHWENGELER, A.-H., « In memoriam C.F. Ramuz », *Der Kleine Bund*, 1. Juni 1947.

SMITH, Harrison, « Pastoral Disaster », *Saturday Review of Litterature*, XXX, 8 Nov. 1947.

SONNIER, Georges, « Présence de Ramuz », *La Montagne* (revue du Club alpin français), 59, juill. 1947.

VOYENNE, Bernard, « Ramuz un grand européen », *Combat*, 25 mai 1947.

1948

BROCK, Erich, « Gedankliche Strukturen in Ramuz Werken »,
Trivium, VI, 1948, pp. 143–60.

MASSINGER, André, « C.F. Ramuz, *Journal (1896–1942)* », *Les
Lettres romanes*, t. II, n° 1, 1948, pp. 90–3.

MASSINGER, André, [c.r.,] *Les Lettres romanes*, t. II, n° 1, 1948,
pp. 93–4. Ch. GUYOT, *Comment lire Ramuz* [Bibl. B.V. 974].

PIANA, Giuseppe, « La "solitudine" di C.F. Ramuz », *Humanitas*,
an. 111, n. 12, dicembre 1948, pp. 1214–22.
Citant le journal de Ramuz et divers essais, G. Piana montre
que Ramuz a su faire de la solitude qu'il a connue très tôt une
forme d'ascétisme laïc lui permettant de mieux se connaître, de
communiquer « senza il contatto visibile e materiale ».

SIMONS, Claudine, « The Art and the thought of C.F. Ramuz »,
Modern Languages, XXX, 1, Dec. 1948, pp. 14–9.

TISSOT, André, « Ramuz, creador de mitos », *Insula*, an. III,
n. 26, febbraio 1948, p. 8.

1949

ANEX, Georges, « B. Voyenne, C.F. Ramuz et la *Sainteté de la
terre* », *Études de lettres*, t. 22, n° 2, nov. 1949, pp. 21–4.

BESSET, Maurice, « C.F. Ramuz », *Larousse mensuel*, XII, n° 414,
févr. 1949, p. 221.

DUCHÉ, Jean, « À l'école du bonheur. C.F. Ramuz », pp. 17–21
in *Liberté européenne* [Paris, Flammarion, 1949. 203 p.].

DUMAY, Raymond, « Ramuz ou la liberté », *Liens*, n° 31, 1er déc. 1949, pp. 1 et 8.

GAUDEMAR, Paul DE, « Les Essais. Bernard Voyenne : C.F. Ramuz et la sainteté de la terre », *Esprit*, 17e an., n° 152, janv. 1949, pp. 149–51.

ZOPPI, Giuseppe, « Biografia di C.F. Ramuz », *Idea*, an. l, n. 13-14, 7–14 agosto 1949, p. 6.

1950

LUPO, Valeria, « La Lezione di un solitario : Il "Journal" di C.F. Ramuz », *Nuova antologia*, an. 85, fasc. 1792, aprile 1950, pp. 410–21.

ZOPPI, Giuseppe, « Ultimi anni di Ramuz », *Le Carte Parlanti*, an. XI, n. 7-8, novembre-dicembre 1950, pp. 23-4.

1951

PERROCHON, Henri, « Un Aspect inattendu de Ramuz », *Bulletin officiel de l'association des écrivains belges*, 15e an., n°s 5-6, mai-juin 1951, pp. 624-5.

1952

DESNUES, R.-M., « Littérature terrienne : C.F. Ramuz », *Éducatrices paroissiales. La Vie au patronage*, juill.-août 1952, pp. 53–60.

KERR, Sebastian, « Ramuz », *Arbiter*, no. 1, Winter 1952, pp. 25–7.

PERRENOUD, Marianne. *Inventaire du fonds Georges B. IS.* Lausanne, Bibliothèque cantonale et universitaire, Départ. des manuscrits. Inventaires VII, 1952.

VAN DEN BOSSCHE, Louis, « Huit dessins de Servaes pour un livre de Ramuz », *Nova et vetera*, XXVII an., n. 3, luglio-agosto 1952, pp. 223–32.

1953

● AZARIAN, Garo. *The Cult of the concrete in the works of Charles-Ferdinand Ramuz.* Thèse, Université de Californie du Sud, 1953. 316 p.

DESNUES, R.-M., « Charles-Ferdinand Ramuz », *Livres et lectures*, févr. 1953, pp. 51–3.

LUPO, Valeria, « Ancora a proposito di Ramuz (quesiti critici) », *Letterature moderne*, an IV, n. 1, gennaio-febbraio 1953, pp. 70–81.
   Commentaires sur l'œuvre de Ramuz, en marge de l'analyse de l'ouvrage d'Albert Béguin, *Patience de Ramuz.*

MOLIST POL, Esteban, « El Espiritu de Ramuz », *Revista Europa de Actualidades*, año II, núm. 44, 12–18 febr. 1953, p. 11.

● PARSON, Clarence. *C.F. Ramuz et la peinture.* Thèse, Université de Toronto, 1953. 316 p.

1954

Jeunesses musicales [Le Locle (Suisse)], nº spécial consacré à *"L'Histoire du soldat"*, janv. 1954, 12 p.

● JULOW, Roy George. *The Dilemma of Charles-Ferdinand Ramuz*. Thèse, Université de Washington, 1954. 218 p.

RAYMOND, Marcel, « C.F. Ramuz », *Annales du Centre Universitaire méditerranéen*, t. VII, 1953-1954, pp. 137–9.

1955

JULOW, Roy George, « The Dilemna of C.F. Ramuz », *Dissertation Abstracts*, XV, 1955, pp. 268-9.

1956

DUMAY, Raymond, « Ramuz, écrivain suisse », *Médecine de France*, n° 78, 1956, pp.36–9.

LUPO, Valeria, « I Miti ramuziani », *Il Ponte*, an. XII, n. 8-9, agosto-settembre 1956, pp. 1424–39.
  Photo de Ramuz p. 1425. Lettre de Ramuz à V. Lupo datée 26 octobre 38, p. 1426. Présentation de Ramuz, étude de divers romans.

SION, Georges, « Ramuz poète », *Le Phare dimanche*, 1er janv. 1956, p. 4.

1957

DELMELLE, Joseph, « Ramuz parmi nous », *La Revue nationale*, 29e an., n° 282, févr. 1957, pp. 57–9.

WYRSCH, Jacob, « Über C.F. Ramuz », *Schweizer Monatshefte*, 57 Jahrg., Helft 6, Sept. 1957, pp. 315–7.

ZERMATTEN, Maurice, « C.F. Ramuz à Lens », *Treize étoiles*,
7e an., no 1, janv. 1957, pp. 14-5.
> Remarques à propos des lettres publiées aux éditions Claire-
> fontaine. Intérêt des lettres écrites lors des séjours de Ramuz
> dans le Valais.
> Une photo de Ramuz par Schmidt.

1958

CHAIGNE, Louis, « Ramuz », *Liberté chrétienne*, 1958, pp. 143–74.

LE COGUIEC, Claude F., « René Auberjonois », *Les Lettres
nouvelles*, 6e an., no 56, janv. 1958, pp. 142–5.
> Article essentiellement consacré au peintre Auberjonois. Allusion
> à Ramuz, associé à Cingria et Gilliard.

ZERMATTEN, Maurice, « C.F. Ramuz à Lens », *Almanach*, 1958,
pp. 111–3.

ZUMTHOR, Paul, « Documents ramuziens », *Mercure de France*,
no 1 140, 1er août 1958, pp. 714–6.
> Présentation d'un volume publié par les Éditions Clairefontaine
> [Bibl. B.V. 95a] réunissant des lettres écrites par Ramuz de 1900
> à 1918, précédées des témoignages d'Adrien Bovy, de Gonzague
> de Reynold et d'Ernest Ansermet.
> Zumthor insiste sur la valeur essentiellement littéraire des lettres,
> même si le souci du quotidien est souvent présent. Il signale
> l'intérêt du texte d'Ansermet sur l'*Histoire du soldat*.

1959

METRAL, Maurice, « Le Valais, le Rhône, les montagnes et
C.F. Ramuz », *Feuille d'avis du Valais*, 175, 1959.

MÉTRAL, Maurice, « C.F. Ramuz et le Valais », *Confédéré*, 29, 1959.

RAPIN, Simone, « Ramuz toujours », *Les Cahiers luxembourgeois*, 31ᵉ an., n° 1, 1959, pp. 65–8.

SIOHAN, Robert. *Stravinsky*. Paris, Seuil, 1959. 189 p. (Coll. « Solfèges », n° 12).
L'évocation de la période vaudoise de Stravinsky fait apparaître Ramuz.
Voir pp. 57-8 pour des œuvres annonçant *Noces*, pp. 71–4 pour *Renard*, pp. 80–3 pour *Histoire du soldat*.

1960

LESCURE, P. DE, « Je suis né Ramuz, rien de plus », *Les Lettres françaises*, 21 janv. 1960, p. 4.

ROBICHEZ, Jacques, [c.r.,] *Revue des sciences humaines*, fasc. 100, oct.–déc. 1960, pp. 528-9.
M. Guisan, dans son livre *C.F. Ramuz ou le génie de la patience* [Bibl. B.V. 1017], étudie les différences entre les diverses éditions de plusieurs romans considérés comme représentatifs de l'œuvre de Ramuz. M. Robichez met l'accent sur l'intérêt et les limites d'une telle étude.

ROUD, Gustave, « C.F. Ramuz architecte du livre », *Librarium*, 3. Jahr, Heft II, Aug. 1960, pp. 105–10.

1961

CALGARI, G., « Ramuz e le passioni elementari (Ramuz e la zolla nativa) », *Studi in onore di V. Lugli e D. Valeri* [Venezia], 1961, pp. 182–9.

CATTAUI, Georges, « Ramuz méditerranéen », *Annales du Centre universitaire méditerranéen*, Quatorzième volume (1960-1961), pp. 13–24.

Dans cette conférence, l'auteur cerne le souci de Ramuz de mettre en valeur les parentés culturelles entre les peuples qui occupent les rives du Rhône, du Léman à la Méditerranée, précise l'influence exercée sur Ramuz par deux Français du midi : Maurice de Guérin et Cézanne. Par ailleurs, il affirme que Ramuz moraliste possède la force qui peut faire de lui l'un des guides spirituels de l'Europe.

DE GRÈVE, Marcel, « Lettres françaises de Belgique », *Revue belge de philologie et d'histoire*, XXXIX, n° 3, 1961, pp. 804–15.

LUPO, Valeria, « Il Mito della morte e del male in C.F. Ramuz », *Letterature moderne*, an. XI, n. 1, gennaio-febbraio 1961, pp. 86–94.

● SCHAEFFER, Wolfram. *Die Satzverknüpfung bei C.F. Ramuz*. Marburg, E. Manersberger, 1961. x-190 p.
Diss. phil. Université de Marbourg.

1962

DEREY, Léon, « Ramuz et les bienfaits de Paris », *Le Cerf-volant*, n° 37, janv. 1962, pp. 44–9.

EBNETER, Th., « Communion avec la haute montagne. Essai de synthèse d'un texte de Ramuz », *Revue des langues vivantes*, 28ᵉ an., n° 1, 1962, pp. 79–81.
Présentation, avec de nombreuses citations, du chapitre 5 de *Farinet*.

1963

DESSAINTES, M., « Rétrospective suisse : l'œuvre de Charles-Ferdinand Ramuz (1878-1947) », *La Nouvelle revue pédagogique* [Tournai], vol. XIX, n° 2, oct. 1963, pp. 69–77.

DUMESNIL, René, « *L'Histoire du soldat* avec Cocteau », *Le Monde*, n° 5881, 13 déc. 1963, p. 20.
   Présentation du disque Philips L02306 L, Artistique. Dumesnil souligne le « modernisme surprenant » de *L'Histoire du soldat* et la vocation universelle du texte de Ramuz, apparemment caractérisé par sa saveur particulière, propre à une région.

STRAVINSKY, Igor *et* Robert CRAFT. *Souvenirs et commentaires.* Traduction de l'anglais par Francis Ledoux. Paris, Gallimard, 1963. 219 p.

TOUGAS, Gérard. *Littérature romande et culture française.* Paris, Pierre Seghers, 1963. 101 p.
   Gilliard et Ramuz, pp. 27-8.

1965

SUSSEX, Ronald T., « C.F. Ramuz and the Alps », *Australian Journal of French Studies*, 2, Jan.–April 1965, pp. 82–91.
   Texte repris dans 1979 SUSSEX.

WAGNER, Wilhelm, « Die Role des Erzählers bei Ramuz », *Neue Studien*, 14, 1965, pp. 191–7.

1966

LOBET, Marcel, « Taille de Ramuz », *Revue générale belge*, n° 11, nov. 1966, pp. 119–20.

● LORMO, Jean-Joseph. *La Transfiguration du réel dans l'œuvre de C.F. Ramuz*. Université d'Aix-Marseille, Faculté des lettres et sciences humaines, 1966. 141 p.
Mémoire de D.E.S. Direction : Maurice Regard.ˌ

MICHEL, Marcelle, « Sur la première chaîne de télévision. *La Grande peur dans la montagne* de Ramuz, par Pierre Cardinal », *Le Monde*, 23ᵉ an., nº 6 629, 6 mai 1966, p. 14.
L'auteur de l'article présente Ramuz et le roman porté à l'écran. Il laisse parler Pierre Cardinal qui précise ce qu'il a voulu atteindre dans son film.

SICLIER, Jacques, « *La Grande peur dans la montagne* », *Le Monde*, nº 6632, 10 mai 1966, p. 15.
Commentant une adaptation de *La Grande peur dans la montagne* par Pierre Cardinal pour la télévision, Siclier vante les qualités du décor mais dénonce « *une mise en scène qui ne veut pas se faire oublier* ».

1967

ALVAREZ, Alfredo Juan, « Ramuz escritor "vaudois" », *Nivel*, 53, 1967, pp. 1-2.

BESSON, Georges, « Anniversaires », *Les Lettres françaises*, nº 1 195, 9–22 août 1967, pp. 28-9.
Présentant le numéro d'*Europe* (juill.-août 1967) consacré à C.F. Ramuz et H.D. Thoreau, l'auteur regrette que Ramuz n'ait pas l'audience que selon lui il mérite. Il salue par ailleurs les mérites de l'ouvrage de Jean-Marie Dunoyer, *C.F. Ramuz, peintre vaudois* [Bibl. B.V. 1019].

BONNIER, Henry, « Une Folle audace », *Les Nouvelles littéraires*, 45ᵉ an., nº 2093, 12 oct. 1967, p. 4.
L'auteur salue l'édition commémorative des œuvres complètes de Ramuz aux Éditions Rencontre, présente l'œuvre de Ramuz, insiste sur ce qui fonde la modernité de Ramuz : l'effort mis sur

l'expression pour rendre le monde lisible. « *Le propos de Ramuz*
[...] est d'ordre linguistique, et c'est en cela qu'il nous touche
aujourd'hui. »

DECAUNES, Luc, « Ramuz le grand », *TEP 67*, n° 36, mai 1967.

FIORIOLI, Elena, « Charles-Ferdinand Ramuz », *Culture française*,
an. XIV, n. 2, marzo-aprile 1967, pp. 119–23.
Présentation de l'œuvre ramuzienne.

MICHEL, Marcelle, « Littérature : Soirée Ramuz », *Le Monde*
[*des loisirs*], 24ᵉ an., n° 6956, 26 mai 1967, p. V.
L'auteur de l'article évoque la matière de l'émission de A. Livio
en hommage à Ramuz sur France-Culture. Le projet de A. Livio
consistant en une étude du style de Ramuz, il a interrogé des
écrivains français et romands, et illustré son étude par une
adaptation radiophonique de *La Séparation des races*.

PIÉRARD, Jean, « La Montagne et l'écriture : Ramuz », *Le Thyrse*
69, n° 4, juill.-août 1967, pp. 27–30.

RIVIÈRE-SESTIER, M., « Hommage à Ramuz », *Cahiers de l'Alpe*,
6ᵉ an., n° 33, août-sept. 1967, p. 133.

SICLIER, Jacques, « *Jean-Luc persécuté* », *Le Monde*, n° 7040,
1ᵉʳ sept. 1967, p. 8.
Les mérites de l'émission produite par la télévision suisse
romande sont évidents : l'adaptation de Claude Goretta et de
Georges Haldas est fidèle aux choix littéraires de Ramuz ; la
mise en scène de Claude Goretta évite l'académisme et les écueils
du folklore et du pittoresque.

VARTIER, Jean, « Ramuz et la Franche-Comté », *Le Jura français*,
oct.–déc. 1967, pp. 86–8.

● VOEFFRAY, Noël. *Le Pessimisme chez Ramuz. « Anankè » person-*
nelle et fatalité valaisanne. Fribourg, Université, 1967. 95 p.

Mémoire de licence présenté à la fac. des lettres de l'univ. de Fribourg.

WEYERGANS, François, « Dialogue sur *Aline* et le cinéma belge », *Revue nationale*, 45, 1967, pp. 322–6.

YALOM, Marilyn, « Prophet within his own language », *Adam International Review*, nos. 319–321, 1967, pp. 76-7.

ZERMATTEN, Maurice, « Ramuz à Lens », *Feuille d'avis du Valais*, 117, 1967.

● ZERMATTEN, Madeleine. *La Religion de Ramuz*. Fribourg, Université, 1967. 148 p.
Mémoire de licence.

1968

CLUNY, Claude-Michel, « Éloignement de Ramuz », *Les Lettres françaises*, n° 1214, 27 déc. 1967–2 janv. 1968, p. 14.
L'auteur passe en revue divers ouvrages publiés vingt ans après la disparition de Ramuz. Il met l'accent, à propos de la poésie de Ramuz, sur sa naïveté et son prosaïsme. « *La poésie de Ramuz apparaît en marge de son temps.* » Parlant de l'œuvre romanesque, il avance l'idée que « *le roman de Ramuz recule : s'il date, ce n'est pas de son époque* [...], *mais de celle de Zola* ». Conclusion très sévère.

BOĽŠAKOV, V.P., [c.r.,] *Sovremennaja hudožestvennaja literatura za rubežom* [Moscou], n° 6, 1968, pp. 222–5.
C.r. de 1966 GUERS-VILLATE [Bibl. B.V. 1042].

DARNAR, P.L., « Ramuz devant la postérité », *Dernière heure lyonnaise*, 26 août 1968.
Article qui rend compte de la parution des *Œuvres complètes*

aux Éditions Rencontre et de la réédition du livre de B. Voyenne,
C.F. Ramuz et la sainteté de la terre.

DUPUY, Aimé, « C.F. Ramuz et Henri Pourrat ou l'histoire d'une
amitié », *Synthèses*, 23ᵉ an., nº 260-261, févr.-mars 1968,
pp. 31–8.

FIORIOLI, Elena, « Charles-Ferdinand Ramuz », pp. 173–80 in
Les Hommes et les idées. Études et portraits littéraires.
Préface de Yves Gandon [Bari, 1968. 218 p. (Coll. « Culture
française », 6)].
Texte identique dans *Culture française* (Bari), an. XIV, n. 2,
marzo-aprile 1967, pp. 119–23.

GSTEIGER, Manfred, « Ramuz als Dichter », pp. 67–72 ; « Der
Schrifsteller und sein Land », pp. 73-4 ; « Rousseau, Ramuz
und Dichter in Genf », pp. 215–22 in *Westwind. Zur Literatur
der französischen Schweiz (Aufsätze)* [Bern, Kandelaber-
Verlag, 1968. 232 p. (« Bibliothek der romanischen Schweiz »)].
Le deuxième texte a déjà été publié en 1967 [Bibl. B.V. 1956].
Voir 1971 SEDELNIK.

KRAMMER, Jenô, « C.F. Ramuz és a szlovákiai magyarság »,
Irodalni Szemle, 11, 1968, pp. 268–72.

PIÉRARD, Jean, « Rilke et Ramuz au château de Muzot », *Margi-
nales*, nº 117, janv. 1968, pp. 47–54.

ROUSSET, Jean, *L'Intérieur et l'extérieur.* Paris, José Corti, 1968.
380 p.
Ramuz, le lac et la poésie du reflet. Exemples empruntés à trois
œuvres : *Passage du poète, Vie de Samuel Belet, Le Garçon
savoyard.* Voir pp. 231-2.

SAUREL, Renée, « La Beauté sur la terre », *Les Lettres françaises*,
nº 1226, 20–26 mars 1968, p. 30.
Commentaire sur une version télévisée de *La Beauté sur la terre*

par Pierre Cardinal. « *Il n'était pas raisonnable de vouloir porter à la télévision un roman dépourvu de vie véritable et alourdi de symbole.* »

SEDEĽNIK, V.D., [c.r.,] *Sovremennaja hudožestvennaja literatura za rubežom*, 1968, n° 4, pp. 222–5.
C.r. de 1966 NICOD [Bibl. B.V. 1048].

SHÜLER, G., [c.r.,] *Romanische Forschungen* [Frankfurt / Main], 80, 1968, pp. 580–4.
C.r. de 1966 NICOD [Bibl. B.V. 1048].

Stravinski. Paris, Hachette, 1968. 280 p. (Coll. « Génies et réalités »).
Dans l'article d'Henri Sauguet intitulé « Portrait de Stravinski », allusion à la collaboration de Stravinski avec Ramuz, p. 19.
Dans l'article de Marcel Schneider intitulé « Stravinski face à la société », commentaires sur les relations entretenues par Stravinski avec Ramuz, pp. 105-6.

VUILLEUMIER, Jean, « Ramuz est-il un écrivain calviniste ? », *La Tribune de Genève*, 17 janv. 1968, supplément n° 14, p. IX.
Examen de quelques romans de Ramuz. Accent mis sur la force des images. « *Le romantisme ramuzien suppose une violence irrésistible. Il est évidemment visionnaire, au sens le plus moderne. Aussi l'imprégnation calviniste ne peut-elle plus être définie désormais par la raréfaction ascétique, la grisaille, le demi-ton. Elle comprend de la même façon l'excès, le paroxysme et l'abondance.* »
Texte accompagné d'une photo : « *Masque du Haut-Valais* ».

1969

ANISIMOV, I.I., « [L'Œuvre de C.F. Ramuz] », pp. 341–52 in *Literatura Ščvejcarii* [Moscou, « Nauka », 1969].
Voir 1969 BOĽŠAKOV, SEDEĽNÍK.

BOĽŠAKOV, V.P., « [Les Principales tendances de la littérature contemporaine de la Suisse romande] », pp. 376–403 in *Literatura Ščvejcarii* [Moscou, « Nauka », 1969].
Sur Ramuz pp. 376, 378–80, 384–7, 390, 396, 401.
Voir 1969 SEDEĽNIK.

BUCHET, Edmond. *Les Auteurs de ma vie, ou Ma vie d'éditeur.* Paris, Buchet-Chastel, 1969.
Divers auteurs sont présentés dont Ramuz.

CHÉRIX, Robert-Benoît, « Présence de C.F. Ramuz. En hommage au poète que j'ai connu et aimé », *Nova et vetera*, XLIVᵉ an., n. 2, april–giugno 1969, pp. 139–45.

GUYOT, Charly, [c.r.,] *Revue d'histoire littéraire de la France*, 69ᵉ an., n° 1, janv.-févr. 1969, pp. 156.
C.r. de 1967 GUISAN. *C.F. Ramuz, ses amis et son temps*, I [Bibl. B.V. 1050].

GUYOT, Charly, [c.r.,] *Revue d'histoire littéraire de la France*, 69ᵉ an., n° 2, mars-avril 1969, pp. 337-8.
C.r. de 1967 GUISAN. *C.F. Ramuz, ses amis et son temps*, II [Bibl. B.V. 1050].

GUYOT, Charly, [c.r.,] *Revue d'histoire littéraire de la France*, 69ᵉ an., n° 2, mars-avril 1969, pp. 338-9.
C.r. de 1968 GUISAN. *C.F. Ramuz, ses amis et son temps*, III [Bibl. B.V. 1050].

HELLENS, Franz, « Le Journal de Ramuz », *Le Soir*, n° 1, 1ᵉʳ et 2 janv. 1969, p. 18.
Voir 1979 HOREMANS, n° 320.

ROULET, Alfred, « Ansermet, Ramuz et Auberjonois à la recherche de leur soldat », *La Tribune de Genève*, 27 mars 1969, supplément n° 73, p. I.

Nombreuses anecdotes sur C.A. Cingria, Ramuz, Ansermet...
Une photo du tableau d'Auberjonois réunissant les créatures de
L'Histoire du soldat.
Deux photos d'une mise en scène de *L'Histoire du soldat.*
Une caricature de Géa Augsbourg représentant Charles-Albert
Cingria conférencier.

SEDELNIK, V.D., « [Discussions sur l'originalité de la littérature
suisse] », pp. 7–37 in *Literatura Ščvejcarii* [Moscou, « Nauka »,
1969].
Sur Ramuz pp. 34 et 36.

ZERMATTEN, Maurice, « Les Lettres romandes, de Charles-Albert
Cingria à C.F. Ramuz », *Schweizer Monatshefte*, 49. Jahr,
Heft 5, Aug. 1969, pp. 489–92.

1970

AUBERJONOIS, Fernand, « Charles-Ferdinand Ramuz and the way
of the anti poet », pp. 37–33 in *Swissmen of letters*, ed. with
a pref. by Alex Natan [London, Oswald Wolff, 1970. 288 p.].

BOĽŠAKOV, V.P., [c.r.,] *Sovremennaja hudožestvennaja literatura
za rubežom* [Moscou], n°s 5-6, 1970, pp. 129-30.
Analyse de l'ouvrage de Philippe Jacottet, *Gustave Roud* (Paris,
Seghers, 1968. 187 p.). Sur Ramuz, p. 130.

BONDY, François, « Ramuz. Zwischen Licht und Nacht. Ein
Schweizer Dichter », pp. 50–64 in *Aus nächster Ferne. Berichte
eines Literaten in Paris* [München, Hanser, 1970. 308 p.].

CHAVANNES, Fernand, [Lettres à C.F. Ramuz,] *Études de lettres*,
série III, t. 3, n°s 3-4, juill.–déc. 1970, pp. 311–25.
Les lettres de Fernand Chavannes (1868–1936) sont datées des
années 1904 à 1915. Notes de Doris Jakubec. Présentation de
Fernand Chavannes par Doris Jakubec pp. 174–204.

FOSCA, François, « Ramuz et ses amis. Au temps des "*Cahiers vaudois*" », *La Tribune de Genève*, 7 janv. 1970, p. 11.
C.r. de 1969 GUISAN. *C.F. Ramuz, ses amis et son temps*, V [Bibl. B.V. 1050].
Dessin de Théodore Stravinsky : Ramuz en 1946.

GUYOT, Charly, [c.r.,] *Revue d'histoire littéraire de la France*, 70ᵉ an., n° 1, janv.-févr. 1970, pp. 155-6.
C.r. de 1968 GUISAN. *C.F. Ramuz ses amis et son temps*, IV [Bibl. B.V. 1050].

GUYOT, Charly, [c.r.,] *Revue d'histoire littéraire de la France*, 70ᵉ an., n° 3, mai-juin 1970, p. 532.
C.r. de 1969 GUISAN. *C.F. Ramuz ses amis et son temps*, V [Bibl. B.V. 1050].

HAGGIS, Donald R., [c.r.,] *Modern Language Review*, 65, no. 3, July 1970, pp. 638–40.
C.r. de 1967–1970 GUISAN [Bibl. B.V. 1050].

HARTMANN, Alexander P., [c.r.,] *The French Review*, XLIV, no. 1, Oct. 1970, pp. 224-5.
C.r. de 1968 HAGGIS [Bibl. B.V. 1056].

HEIST, Walter, « Marcel Aymé oder die Tücken des Heimatromans », *Frankfurter Hefte*, Band 9, Sept. 1970, pp. 655–62.
Allusions à Ramuz et Giono.

● MARQUIS, Jean. *Le Thème de l'amour dans l'œuvre romanesque de Ramuz jusqu'en 1914*. Université de Fribourg, 1970. 223 p.
Mémoire de licence de lettres.

● PALUMBO, Ermenegilda. *Ramuz, romanziere realista*. Université de Naples, 1970. 118 p.

PARSONS, C.R., [c.r.,] *The French Review*, XLIV, no. 1, Oct. 1970, pp. 223-4.
C.r. de 1966 GUERS-VILATTE [Bibl. B.V. 1042].

● PELAGATTI, Lucia. *Il Paesaggio nell'opera di C.F. Ramuz*. Bologna, Il Borgo, 1970. 32 p.

1971

BILLY, André, « Les Propos du samedi. André Billy raconte... », *Le Figaro littéraire*, n° 1286, 11–17 janv. 1971, p. 23. Allusions à Ramuz.

BOĽŠAKOV, V.P., « [L'Art de C.F. Ramuz] », *Vestnik Moskovskogo Universiteta,* [série] Filologija, 1971, pp. 30–40.

BOĽŠAKOV, V.P., [c.r.,] Izd-vo Mosk. un-ta, 1971. 23 p
Résumé d'une thèse dite de candidat ès lettres consacrée à l'œuvre de C.F. Ramuz.

BOĽŠAKOV, V.P., [c.r.,] *Sovremennaja hudožestvennaja literatura za rubežom* [Moscou], n° 3, pp. 130–2.
C.r. de 1968 HAGGIS [Bibl. B.V. 1056].

BOĽŠAKOV, V.P., [c.r.,] *Sovremennaja hudožestvennaja literatura za rubežom* [Moscou], n° 5, 1971, pp. 137–9.
Analyse de l'ouvrage *Swissmen of letters. Twelve Literary Essays.* Ed. by Alex Natan (London, Oswald Wolff, 1970. 288 p.). Sur Ramuz p. 138. Voir aussi 1970 AUBERJONOIS.

BOĽŠAKOV, V.P., « [Ramuz] », pp. 176-7 in *Kratkaja literaturnaja ziciklope dija*. Moscou, Izd-vo Sovetskaja ziciklopedija, 1971, tome 6.

BONARD, Olivier, « Moments littéraires : le temps de Ramuz »,
Gazette de Lausanne, 9-10 janv. 1971.
1967–1970 GUISAN [Bibl. B.V. 1050].

EGGLY-NAVILLE, Corinne. *Vingt-cinq romanciers et poètes
romands. XIXᵉ et XXᵉ siècles. Bibliographie analytique et
thématique de leurs œuvres autres que celles d'imagination.*
Berne, Bibliographie nationale suisse, Service d'information
bibliographique, 1971. 142 p.
Dans cette étude apparaît Ramuz.

Essays in stylistic analysis. Ed. with a pref. by Howard S. Babb.
New York—Chicago—San Francisco—Atlanta, Harcourt
Brace Jovanovich, Inc., 1971. 392 p.
Divers auteurs étudiés, dont Ramuz.

HAGGIS, Donald R., [c.r.,] *French Studies*, XXV, no. 2, April
1971, pp. 237-8.
C.r. de 1966 NICOD [Bibl. B.V. 1048].

JANNOUD, Claude, « Il faut deux fois plus de talent pour être un
grand écrivain suisse », *Le Figaro littéraire*, nᵒ 1314, 23 juill.
1971, p. 13.
La situation des écrivains suisses de langue française contempo-
rains est différente de celle qu'a connue Ramuz, bien accueilli
par Paris.

KOTTIS, Micheline, « Henry Poulaille et l'authenticité », *Études
de lettres*, s. III, t. 4, janv.–mars 1971, nᵒ 1, pp. 17–32.
Sur Ramuz et Poulaille pp. 17–9.

MOLL, Elke. *Rhône und Saône in der neueren französischen
Literatur.* Tübingen, Eberhard-Karl-Univ., 1971. 239 p.
Diss. phil. Ce travail universitaire comprend quelques pages
consacrées à *Chant de notre Rhône*, pp. 120–7.

PARRIS, David L., [c.r.,] *Modern Language Review*, 66, no. 1, Jan. 71, pp. 193–9.
C.r. de 1968 HAGGIS [Bibl. B.V. 1056].

SEDEĽNIK, V.D., [c.r.,] *Sovremennaja hudožestvennaja literatura za rubežom* [Moscou], n° 3, 1971, pp. 128–30.
C.r. de 1968 GSTEIGER. Sur Ramuz p. 128.

STRAVINSKI, Igor. *Chroniques de ma vie*. Paris, Denoël/Gonthier, 1971. 201 p. (Coll. « Médiations », n° 83).
Discographie critique d'Igor Stravinski par Jacques Lory pp. 191–201. Réédition du texte de 1935 [Bibl. B.V. 936].

VAILLAND, Pierre-Jean. *Une Plume dans le vent*. Paris, La Table Ronde, 1971. 202 p.
Divers auteurs étudiés dont Ramuz.

VERNOIS, Paul, [c.r.,] *Revue d'histoire littéraire de la France*, 71ᵉ an., n° 1, janv.-févr. 1971, pp. 137-8.
C.r. de 1968 HAGGIS [Bibl. B.V. 1056].

1972

BALOTA, Nicolae, « Ramuz, poetul », *România Literarà*, 4, mai 1972, p. 14.

BARNES, Annie, [c.r.,] *French Studies*, vol. XXVI, no. 1, Jan. 1972, pp. 105–7.
C.r. de 1967–1969 GUISAN [Bibl. B.V. 1050].

BERCHET, H.F., « Ramuz », pp. 988-9 in *Encyclopædia Universalis*, vol. 13. 1ʳᵉ publication : juillet 1972.

BORGEAUD, Georges, « Ramuz vingt-cinq ans après. Un Tolstoï vaudois », *Nouvelles littéraires*, 50ᵉ an., n° 2336, 3–9 juill. 1972, p. 3.
  Plaidoyer en faveur de Ramuz. Valorisation des essais.

CHAMPOMIER, Jean, [c.r.,] *L'Auvergne littéraire*, 3ᵉ trim. 1972, n° 214, pp. 83–6.
  C.r. de 1970 GUISAN, *C.F. Ramuz, ses amis et son temps*, VI [Bibl. B.V. 1050].
  Réflexions sur les liens unissant Ramuz et Pourrat.

CHESSEX, Jacques, « Ramuz élémentaire », pp. 17–24 in *Les Saintes écritures* (recueil critique) [Lausanne, Éd. Bertil Galland, 1972. 218 p. (« Cigale », 21)].
  Texte déjà paru dans la *N.R.F.*, n° 175, juill. 1967 [Bibl. B.V. 1651].

CHOCHEYRAS, J., « Analyse stylistique [*La Grande peur dans la montagne*, extrait du ch. 2] », *Recherches et travaux*, Université de Grenoble, U.E.R. de lettres, bulletin n° 5, mars 1972.

GODEL, Vahé, « Vingt-cinq ans de poésie romande », *Courrier du Centre International d'Études Poétiques*, n° 92, 1972, pp. 3–13.
  Divers auteurs dont Ramuz.

HAMASAKI, Shiro, « Ramyu no shuppatsu » [« Le Début de Ramuz »], *K[wansei] G[akuin] Studies in German and French*, no. 22, pp. 59–75.
  Sur l'auteur de l'article, voir 1984 *C.F. Ramuz 2*, p. 157.

● KOCHER, E.J., *Ramuz (1878–1947). An inquiry into the role of regionalism in his life and work*. Exeter, University, 1972.
  Thèse, Université d'Exeter, 1971-1972.

LEISSING, Jean-Marie. *Découverte du monde chez C.F. Ramuz et Jean Giono*. Zürich, Juris Druck & Verlag, 1972. 128 p.
  Thèse de doctorat, Université de Zürich.

MENAPACE, Luigi, « Uno Escrittore che ha respettato il mistero », *L'Osservatore romano*, an. CXII, n. 71, 25 marzo 1972, p. 5.

ROE, David, « Charles-Louis Philippe dans la correspondance de C.F. Ramuz », *Les Amis de Charles-Louis Philippe*, Bulletin n° 30, an. 1972, pp. 41-2.
Cet article utilise les renseignements fournis par Gilbert Guisan dans son ouvrage : *C.F. Ramuz, ses amis et son temps*, t. VI.

RONCO, Daisy D., [c.r.,] *French Studies*, vol. XXVI, Jan. 1972, no. 1, pp. 103–5.
C.r. de 1968 HAGGIS [Bibl. B.V. 1056].

ROSSIER, Gertrude, « Ramuz le découvreur », *Réforme*, 23 déc. 1972, p. 14.
À propos d'une exposition à Pully, pour le 25ᵉ anniversaire de sa mort.

SOZZI, Giorgio P., « Charles-Ferdinand Ramuz : poesia e religiosità », *Città di vita*, n. 5, settembre-ottobre 1972, pp. 453–70.

WEDER, Heinz, « Uber die Entstehung der "Geschichte vom Soldaten" Charles-Ferdinand Ramuz und Igor Stravinski », *Berner Tagblatt,* Nr. V, 15-16 Jan. 1972.

1973

CASANOVAS, Luis Elias, « Perfil de Ramuz », *Vértice* [Coimbra], vol. XXXIII, num. 358-9, novembre-dezembre 1973, pp. 996–1000.

JUNOD, Roger-Louis, « Ramuz », pp. 40–53 in *Écrivains français du XXᵉ siècle* [Lausanne, Payot, 1973. 224 p.].
2ᵉ édition revue et augmentée. 1ʳᵉ édition cf. B.V. 1031.

NICOD-SARAIVA, Marguerite, [c.r.,] *Études de lettres*, s. 3, t. 6, n° 2, avril–juin 1973, pp. 81–3.
C.r. de 1967–1970 GUISAN [Bibl. B.V. 1050].

PÉRIER, Anne, [c.r.,] *Nova et vetera*, XLVIII, an., n. 2, aprile–giugno 1973, pp. 127–33.
C.r. de 1967–1970 GUISAN [Bibl. B.V. 1050].

VILAIN, Max, « Essai : Montagnes. Vers la grande peur », *Dryade* [Vieux-Virton (Belgique)], n° 76, hiver 1973, pp. 71–83.

WEIDER, Heinz, « Beobachtungen und Ansichten über Ramuz' Prosa », *Du* [Zürich], nov. 1973, pp. 857–62.

1974

AUBERJONOIS, Fernand, « The Swiss years of Igor Stravinski, 1914–1920 », *Adam International Review*, n°s 379-384, 1973-1974, pp. 73–80.

● BELSER, Niklaus. *Wege und Wegmetaphern bei Charles-Ferdinand Ramuz*. Zürich, Juris Druck & Verlag, 1974. 159 p.
Thèse de doctorat, Université de Zürich.

BUACHE, Freddy. *Le Cinéma suisse*. Lausanne, L'Âge d'Homme, 1974. 314 p.
Quelques pages consacrées aux adaptations cinématographiques de romans de Ramuz.
Voir 1978 BUACHE.

HAMASAKI, Shiro, « C.F. Ramyu no *Aline* to *Jean-Luc* » [« *Aline* et *Jean-Luc* de C.F. Ramuz »], *K*[*wansei*] *G*[*akuin*] *Studies in German and French*, n° 27, 1974, pp. 61–71.

HUDOVERNIK-TORNAY, Huguette, « Claudel et Ramuz », *Cahiers du centre dramatique de Lausanne*, n° 1, an. 1974, pp. 53–65, notes pp. 85–7.

> Fragment d'un mémoire de licence pour la faculté des lettres de Fribourg intitulé : *Claudel et la Suisse, quelques aspects des relations suisses de Claudel*, Fribourg, 1969.

MONNIER, Jean-Pierre, « Ramuz et la nature », pp. 41–8 avec un entretien, pp. 49–52 in *L'Homme moderne et son image de la nature*. Rencontre internationale organisée par la Fondation pour une entraide intellectuelle européenne, Neuchâtel, 20–23 septembre 1973. Actes mis en forme par Roselyne Chenu [Neuchâtel, À la Baconnière, 1974. 198 p.].

UNGER, Catherine, « Ramuz : c'est difficile d'écrire *Aimé Pache* », *La Tribune de Genève*, 2-3 mars 1974, p. 37.

> Article présentant le roman. Des extraits du *Journal* de Ramuz sont cités à propos du travail d'écriture de Ramuz. L'impact d'Auberjonois sur le romancier est souligné : « *Auberjonois apparaît ainsi comme le frère aîné de cet Aimé Pache double fictif de Ramuz* ».
> Une photo de Ramuz. Fragment d'une des lettres de Ramuz mises en vente chez Christie's.

VILAIN, Max, « Montagnes (fin) », *Dryade*, n° 77, printemps 1974, pp. 55–70.

> Voir 1973 VILAIN.

LA REVUE DES LETTRES MODERNES

(fondée en 1954)
fut à l'origine un périodique consacré à l'«histoire des idées et des littératures» sous la direction de Michel J. MINARD.
Actuellement, cette collection se déploie principalement en un ensemble de monographies constituées de volumes indépendants répartis dans les Séries :

configuration critique (1957)
Apollinaire (1962). Dir. M. DÉCAUDIN
Barbey d'Aurevilly (1966–1982). Dir. J. PETIT †
(1983). Dir. Ph. BERTHIER
Gide (1970). Dir. C. MARTIN
Malraux (1971). Dir. W.G. LANGLOIS
Rimbaud (1972). Dir. L. FORESTIER
Giono (1973). Dir. A.J. CLAYTON
Mauriac (1974). Dir. J. MONFÉRIER
Verne (1975). Dir. F. RAYMOND
Jouve (1981). Dir. D. LEUWERS
Hugo (1983). Dir. M. GRIMAUD
Cendrars (1985). Dir. M. CHEFDOR, C. LEROY

Bernanos (1960). Dir. M. ESTÈVE
Claudel (1964–1982). Dir. J. PETIT †
(1983). Dir. M. MALICET
Camus (1968). Dir. B.T. FITCH
Cocteau (1970). Dir. J.-J. KIHM †
(1986). Dir. J. TOUZOT
Max Jacob (1972). Dir. J. DE PALACIO
Suarès (1973). Dir. Y.-A. FAVRE
Céline (1974). Dir. J.-P. DAUPHIN
Valéry (1974). Dir. H. LAURENTI
Péguy (1980). Dir. S. FRAISSE
Ramuz (1982). Dir. J.-L. PIERRE
Flaubert (1984). Dir. B. MASSON

les carnets bibliographiques de la revue des lettres modernes. Dir. P. C. HOY

Mais, de façon complémentaire, et par un retour aux sources de la *RLM*, les Séries de *l'icosathèque* (20*th*)
— publication indépendante de 1974 à 1980 —
poursuivent l'exploration critique du XXᵉ siècle :

l'avant-siècle (les temps de la genèse : 1870–1914). Dir. L. FORESTIER
le plein siècle (d'un après-guerre à l'autre). Dir. M. DÉCAUDIN
le siècle éclaté (dada, surréalisme et avant gardes). Dir. M. A. CAWS
au jour le siècle (vers une nouvelle littérature). Dir. B. T. FITCH
l'intersiècle (interférences et relations littéraires). Dir. P. BRUNEL

Les projets d'études relevant de ces domaines peuvent être proposés aux Directeurs de collection.
— Les manuscrits non sollicités ne seront renvoyés que s'ils sont accompagnés de timbres pour leur réexpédition. — Les opinions émises n'engagent que les auteurs. — Dans toute correspondance joindre un timbre ou un coupon international pour la réponse.

Éditions LETTRES MODERNES
73, rue du Cardinal-Lemoine, 75005 PARIS

Tél. : (1) 43 54 46 09

LA REVUE DES LETTRES MODERNES

=========== TARIF ===========

SOUSCRIPTION GÉNÉRALE à toutes les Séries existantes et à paraître
(chaque livraison comporte un nombre variable de pages, donc de numéros)

50 numéros **à paraître** : FRANCE - ÉTRANGER : **800 F**
(tarif valable de janvier 1985 à décembre 1986)

les souscriptions ne sont pas annuelles et ne finissent pas à date fixe

SOUSCRIPTIONS SÉLECTIVES :

Sans prendre une souscription générale, il est possible de s'inscrire pour une souscription
sélective à l'une des Séries afin d'être informé en temps voulu de la publication de chaque
nouvelle livraison pour pouvoir bénéficier et du prix de faveur valable avant parution
et du tirage limité des Carnets bibliographiques.

cette livraison de la collection

LA REVUE DES LETTRES MODERNES
ISSN 0035-2136

a été servie aux souscripteurs abonnés
au titre des numéros 765–766

Carnet bibliographique
C. F. Ramuz

œuvres et critique
(1980–1981)

et compléments 1940–1974
à la bibliographie Bringolf-Verdan

éléments réunis par Gérard POULOUIN

ISBN 2-256-90186-6 (12/86)
MINARD 40 F (12/86)

exemplaire conforme au Dépôt légal de décembre 1986
bonne fin de production en France
Minard 73 rue du Cardinal Lemoine 75005 Paris